LE DÉVOUEMENT EN ACTION.

M. PIERRE ANDRIOT-GUERRIN.

NEVERS, IMPRIMERIE G. VALLIÈRE.

LE DÉVOUEMENT EN ACTION.

M. PIERRE

ANDRIOT-GUERRIN

PRÉSIDENT-FONDATEUR

DE LA

SOCIÉTÉ DES SAUVETEURS DE LA NIÈVRE,

PAR

L. GUILLAUME,

Membre de l'Institut sténographique des deux mondes (diplôme supérieur),
Secrétaire général de la Société des Sauveteurs de la Nièvre
(mention honorable du Gouvernement).

PRIX : UN FRANC.

EN VENTE
CHEZ L'AUTEUR
A Luzy (Nièvre).

AVANT-PROPOS.

Ecrire l'histoire d'un homme vivant est une entreprise toujours délicate, souvent impossible. Cependant il existe certaines œuvres qu'il importe beaucoup de connaître du vivant même de leurs auteurs, non pas que ces œuvres ne soient pas de celles qui demeurent après le trépas pour l'édification de la postérité, — mais parce que le monde a toujours besoin d'enseignement et d'exemples.

A certaines époques surtout, quand, je ne sais sous quelle funeste influence, quelque vice capital pénètre jusqu'au cœur des populations et des sociétés, il devient urgent de porter secours au plus vite et d'arrêter ce ver rongeur. Vouloir faire attendre le remède sous un prétexte quelconque, ce serait renouveler les cruautés et les folies de ce maître d'école de la fable en face de l'enfant qui se noie.

Or, parmi les vices nombreux qui abaissent et ruinent les caractères à notre époque, il en est un qui est, à notre avis, plus particulièrement désastreux parce qu'il est plus universellement répandu.

C'est « l'Égoïsme », — c'est le règne de ce haïssable « moi » dont parle le philosophe français : « Pour moi le bonheur, pour moi le plaisir, pour moi la fortune, le bien-être, le confortable;

pour moi les affaires et le commerce qui réussissent. — Loin de moi la gêne et la contrainte, loin de moi les fatigues et les maladies, loin de moi les peines physiques et morales. »

Pour moi, loin de moi... moi, toujours moi. — N'est-ce pas là, cher lecteur, ce qui est dans bien des cœurs, bien des pensées, sinon sur bien des lèvres? On fait de soi un centre considérable où viennent converger toutes les affections, tous les désirs, tous les intérêts, tous les travaux. — On veut bien penser aux autres, secourir les autres, mais à la condition qu'on ne souffrira pas, non-seulement dans ses intérêts sérieux, mais même, et j'allais dire « surtout », dans ces plaisirs, dans ces mille superfluités qui absorbent les existences les plus aisées.

Traiter son prochain comme son égal, parfois le faire passer avant soi; être prêt à s'exposer, à se sacrifier pour lui; avoir pour préoccupation constante ses intérêts, même au détriment de son repos, de ses plaisirs; se considérer et se faire en un mot le défenseur des autres!! Allons donc!...

Tels sont bien les sentiments, les paroles, les allures de l'égoïsme, vice détestable chez l'individu, plus détestable encore dans une société, parce qu'il est la négation même de l'esprit de famille, qui doit être comme le ciment de toute société et que forment et entretiennent l'amitié, l'union, le désintéressement personnel, toutes choses que l'égoïsme bannit ou détruit. — Et voilà pourquoi, de nos jours, dans toutes les sociétés existantes, grandes ou petites, depuis la plus humble famille jusqu'au plus considérable des Etats, il y a tant de discorde, de haines sourdes ou avouées, tant de vertus évidentes battues en brèche, tant d'erreurs triomphantes, tant de ruines partout. — Chacun pour soi, dit-on en théorie ; tout pour soi, conclut-on en pratique... et alors il n'est plus de voix assez puissante, assez autorisée, pour faire taire les prétentions exorbitantes des passions humaines déchaînées, qui, chacune de leur côté, font entendre leur redoutable cri : Apporte ! apporte !

Eh bien ! les quelques pages que nous livrons au public ont précisément pour but de montrer un exemple vivant du dévouement le plus complet, de combattre ainsi, quoique d'une manière indirecte, cet ennemi redoutable : l'égoïsme.

Mais nous ne nous faisons pas illusion ; nos efforts, quelque généreux qu'ils soient, nous paraissent ressembler à ceux d'un pygmée qui voudrait triompher d'un géant. Ce n'est qu'un trait lancé contre de très-épaisses murailles ; en un mot, nous savons et sentons bien que nous sommes loin d'avoir la taille d'un redresseur de torts publics et sociaux.

Cependant, cette conscience que nous avons de notre faiblesse ne nous arrête pas ; il est un mérite que nous sommes jaloux d'acquérir : c'est d'avoir tenté quelque chose pour faire connaître à nos amis et frères les Sauveteurs et à tous nos concitoyens un homme dont toute la vie n'a été que désintéressement, que sacrifices, que dévouement.

C'est pourquoi, en retraçant dans ces pages les principaux traits de la vie de M. Andriot-Guerrin, nous nous sommes mis à un point de vue particulier, et nous prions instamment le lecteur de le bien remarquer. Nous n'avons voulu, en effet, dans cette vie, porter tout d'abord notre attention que sur les actes extérieurs et, de leur nature, publics; et parmi ces derniers, nous n'avons eu dessein de relever que ceux qui ont, de près ou de loin, quelques rapports avec le prochain, soit dans les efforts isolés qu'il a pu faire, soit dans les œuvres générales qu'il a fondées pour lui venir en aide. Qu'on veuille donc bien ne pas nous demander compte du côté intime de notre héros, non plus que de ses idées ou préférences politiques, non plus que des intentions diverses qui ont pu le faire agir. Si quelque lecteur indiscret se hasardait à nous poser de semblables questions, nous lui répondrions que nous n'avons pas mission pour juger M. Andriot, encore moins pour pénétrer dans sa vie de famille ou pour scruter les secrets de sa conscience. Ceci est affaire entre Dieu, la postérité et lui. Ce petit livre n'est donc pas une biographie proprement dite, puisqu'à dessein nous passons sous silence toute une partie de la vie de M. Andriot; ce n'est pas non plus un discours politique : nous avons tenu à en écarter impitoyablement tout esprit de parti, parce que le dévouement est avant tout une affaire de cœur et non de politique; tous les partis honnêtes sont donc les siens. Vouloir l'exclure de quelques-uns pour en faire le monopole exclusif de certains autres, ce serait mal le comprendre et être en danger de le mal pratiquer.

C'est pourquoi l'exemple de dévouement si complet, si universel, que nous offrent la vie et les œuvres de M. Andriot-Guerrin s'adresse à tous... Tous donc peuvent y trouver un enseignement et un encouragement, ou tout au moins un sujet de légitime admiration.

Telle est notre conviction sincère, tels sont nos désirs et nos espérances.

CHAPITRE Ier.

PREMIÈRES ANNÉES DE M. ANDRIOT-GUERRIN. — SES DÉBUTS COMME SAUVETEUR.

Ne voulant pas, comme nous le disions tout à l'heure, faire une biographie détaillée et complète, mais un simple exposé de faits détachés, il est inutile que nous nous étendions sur la famille, la naissance et les premières années de M. Pierre Andriot-Guerrin. Il nous suffit de savoir qu'il est né le 28 août 1830, de parents relativement peu favorisés des biens de la fortune (ils étaient petits commerçants), mais riches de probité, ce qui avait puissamment contribué à les rendre, malgré leur médiocrité, les amis des principales familles de Luzy et des environs.

M. Andriot père est mort depuis plusieurs années ; sa digne compagne, mère de notre héros, est encore de ce monde. Elle vit à Luzy d'un petit commerce d'épicerie qui la distrait plus qu'il ne l'entretient, parce qu'elle vit surtout de la générosité, des bons soins, de l'affection dévouée de son cher Pierre.

Il est à remarquer que les hommes ayant reçu de la Providence une vocation plus qu'ordinaire en donnent presque toujours, dès leur bas âge, des signes révélateurs. Regardez autour de vous tels ou tels de vos amis ou de vos connaissances qui, de condition très-humble, ont réussi à trancher sur le vulgaire et à dépasser la sphère d'ambition qu'auraient pu rêver leurs parents ; remontez le courant de leur existence pour arriver à leurs premières années ; il est rare que vous n'y rencontriez point des indices non équivoques de leur mission actuelle.

Du reste, nous sommes bien obligé d'avouer que tous les enfants n'ont ni les mêmes allures, ni les mêmes goûts, et en contemplant ce fait, d'une expérience quotidienne, que la diversité des carrières suivies plus tard par ces enfants répond précisément à la diversité des inclinations de leur enfance, nous sommes bien forcé d'admettre la théorie des aptitudes providentielles. Tel homme, dit un penseur contemporain, qui, aujourd'hui, est général d'armée, à huit ans jouait au sabre et gagnait des batailles. Tel autre qui, maintenant, porte la robe de magistrat, à dix ans jugeait ses camarades, tranchait les difficultés. Tel autre enfin qui, aujourd'hui, est prêtre, à quatre ans élevait des autels sur le sable et disait la messe.

Nous pouvons en toute vérité, nous devons même appliquer ces observations au jeune Andriot, car lui qui, aujourd'hui, peut prendre le titre mérité de Président-Fondateur des Sauveteurs de la Nièvre, et qui peut voir ou verra bientôt ses sociétés organisées à peu près dans toutes les localités importantes de son département, a commencé à douze ans à être Sauveteur.

A douze ans, à l'âge où les autres enfants ont pour unique préoccupation le jeu et les amusements, au mois de juillet 1842, vers les cinq heures du soir, Andriot se promenait avec un camarade un peu plus jeune que lui, Lazare Menat, lorsque, passant près d'un vivier, l'idée leur vint de faire une partie de pêche. Le vivier était profond et le rebord presqu'en pente droite. Tout en surveillant sa ligne, le jeune Menat a l'imprudence de s'approcher trop près de la rive, son pied glisse sur l'herbe et il tombe dans le vivier. Andriot tout d'abord appelle au secours, mais il ne perd cependant pas sa présence d'esprit et se hâte de se pencher sur l'eau; d'une main il se retient aux herbes du rivage, de l'autre il cherche à saisir et à ramener son malheureux camarade. Après plusieurs tentatives infructueuses, il réussit à le prendre par les cheveux, et d'un bras dont l'imminence du danger et le désir ardent de sauver la vie à un ami avaient décuplé les forces, il l'attire violemment sur l'herbe. Il était temps, Menat était déjà presque asphyxié. L'enfant sauveteur ne perd pas un instant ; il sent que l'état de son ami est grave ; de suite il l'étend au soleil, le frictionne de son mieux, lui prodigue en un mot tous les soins en son pouvoir.

Les parents du jeune imprudent, prévenus assez vite, peuvent accourir, rapporter leur enfant à la maison et achever de le rappeler à la vie.

Un certificat, portant les signatures légalisées de Lazare Menat et de son père, atteste cette belle action, d'autant plus digne d'éloges qu'elle est accomplie par un enfant de douze ans, qui n'avait en cette occasion pour toute ressource que les inspirations de son esprit et de son cœur.

Quatre ans plus tard, en 1846, Andriot se trouvait à Decize. Toujours prêt à rendre service, il veut aider un ouvrier à monter de gros meubles dans un premier. Il leur était impossible de les faire passer autrement que par une fenêtre, percée à six mètres au moins au-dessus du sol. Tout-à-coup, pendant le travail, est-ce maladresse ou rupture d'un câble de l'échelle, je ne sais? un des meubles tombe et brise les deux bras de notre ami. Mais cet accident ne devait modifier en rien ses idées de dévouement au service de ses semblables ; au contraire, il semble que, même dès cet âge, son courage et son cœur lui aient fait entrevoir les lacunes qui existaient dans la plupart des administrations d'alors, et lui aient fait de ce moment rêver quelque chose de vague et d'indécis encore, il est vrai, mais profondément senti, pour le soulagement de la pauvre humanité.

En attendant, il se promettait bien de profiter de toutes les occasions que lui offrirait la Providence pour voler au secours de son prochain, sous quelque forme et de quelque nature que le danger se présentât.

C'est ainsi qu'en novembre 1848, à Dijon, lors de l'incendie du faubourg d'Ouche, il se porte des premiers sur le lieu du sinistre. Il était beau vraiment de voir ce jeune homme de dix-huit ans, presque chétif en apparence, dans un pays où il était inconnu, aller et venir, stimuler les uns, ranger les autres, pénétrer dans les intérieurs sur le point de s'effondrer. Les endroits les plus exposés semblaient ses places de prédilection ; tels étaient d'ailleurs son activité, son peu de souci pour lui-même que ses habits brûlaient sur lui et qu'il ne s'en apercevait pas.

Cette même année 1848 et dans la même ville de Dijon, ce fut un autre genre de sauvetage qui fit appel au courage et à la charité de notre héros. Un soldat passait, sans le voir, près d'un sergent qui, rappelant son subordonné à l'ordre, lui enjoint de retourner en arrière faire le salut prescrit. Le soldat s'y refuse, et subitement pris d'un accès de fureur, dégaîne et court sus au sous-officier. Au risque d'être blessé lui-même, Andriot s'élance entre les deux hommes, détourne la lame du sabre et désarme le soldat qu'il arrive à calmer. Le péril écarté, notre ami ne croit pas son œuvre entièrement accomplie ; le conseil de guerre attend inévitablement le soldat rebelle, et avec le conseil de guerre c'était une condamnation infamante, peut-être la peine de mort. Andriot l'avait pressenti ; aussi s'interposa-t-il immédiatement auprès de qui de droit comme médiateur, plaidant les circonstances atténuantes ; il fit tant et si bien qu'il évita au malheureux d'être traduit devant le redoutable conseil.

La Providence semblait ainsi faire naître comme d'elles-mêmes sous les pas d'Andriot les occasions de manifester son bon cœur.

Je comprends et j'admire un acte d'énergie passager en face d'un danger quelconque, mais j'admire encore plus et j'applaudis avec plus d'enthousiasme devant ce rôle de médiateur que vient de prendre si simplement mais si résolûment Andriot-Guerrin à Dijon ; c'est un acte de sauvetage moins éclatant que les autres... mais c'est un acte qui est toute une révélation.

Ce n'est pas tout, ce n'est que le commencement. A partir de 1850, je ne sache pas qu'il se soit passé une année sans que notre jeune Sauveteur n'ait mis son activité et son dévouement au service de quelque cause malheureuse. Nous ne rappellerons ici évidemment que les principales de celles qui nous sont connues, et encore nous les résumerons.

Au mois de décembre de l'année suivante (1849), toujours dans la même ville de Dijon, il arrête un cheval emporté qui, à travers les matériaux de construction de la marine, entraînait une jeune fille de quinze ans dans la direction du canal.

En 1852, il retire d'un petit étang, aux Moindrots, près Luzy, le jeune Voillot avec lequel il se baignait; deux fois l'enfant échappe aux mains de son sauveteur, qui manque de se tuer lui-même sur les racines des arbres du bord; ce n'est qu'après de longs et pénibles efforts et avec l'aide du frère aîné de la victime qu'il parvient à retirer son infortuné compagnon et à se sauver lui-même.

Sept ans plus tard, en 1859, à son lit de mort, la mère du jeune Voillot aimait à rappeler ce fait dont elle avait gardé le plus reconnaissant souvenir. Plusieurs témoins, notamment MM.

Richard, curé, et Gallois, notaire, l'entendirent raconter de la bouche même de l'agonisante dans des termes qui sont un magnifique éloge pour notre cher Président.

CHAPITRE II.

ANDRIOT-GUERRIN CONTINUE D'ÊTRE ET DE SE MONTRER SAUVETEUR (1860-1867).

Andriot-Guerrin n'a eu jusqu'ici, nous venons de le voir, et n'aura toute sa vie, comme nous le verrons, qu'un but, et l'obtention de ce but est chez lui, on le sent, une préoccupation constante : venir en aide, de quelque manière que ce soit, à tout ce qui porte le nom ou la livrée du malheur, sans distinction de forme, de condition ou de parti. Pour mieux nous en rendre compte, nous n'avons qu'à suivre, même d'un pas rapide, les diverses étapes de sa vie.

En 1861, à Luzy, et en 1862, à Chiddes, près

Luzy, il travaille activement à éteindre un feu de cheminée, puis un incendie; dans le premier, il se fait brûler les cheveux, les cils et les doigts, et dans le second, il a une main à moitié rôtie par les flammes.

Il a fait preuve en ces différentes circonstances d'une bravoure telle que M. le Préfet de la Nièvre lui adressa peu après une lettre personnelle des plus flatteuses.

L'année suivante, au mois de mars, un cheval échappé aux mains d'un enfant de quatorze ans, le fils Guinot, s'élance au galop dans les rues de Luzy, renversant tout sur son passage. On fuit, on se cache, on crie, mais personne n'ose s'avancer, et chacun voit avec terreur le moment où cheval, voiture et enfant vont être culbutés et brisés. A ce bruit Andriot-Guerrin arrive, il sent aussitôt l'imminence et la grandeur du danger et, n'écoutant que son courage, il s'élance et se jette résolûment à la bride de l'animal; il est traîné plus de quarante mètres, mais il ne lâche pas prise et finit par contenir le cheval emporté. Il était temps, car un peu plus loin plusieurs enfants jouaient sur la route, et Dieu sait quel malheur a été ainsi évité.

Tant de dévouement et des faits aussi nombreux, aussi remarquables, ne pouvaient rester plus longtemps inconnus du monde officiel.

En effet, notre ami eut la consolante joie de lire le 15 juin 1864 dans la *Gazette de l'Empire* :

« Le conseil de la Société des Sauveteurs de
» France, sous la présidence de M. le comte de
» Lyonne, a fait, le vendredi 10 juin, les admis-
» sions suivantes :

» Paul Legrand, etc.;

» Andriot-Guerrin, de Luzy (Nièvre), plu-
» sieurs sauvetages constatés. »

Cette reconnaissance officielle de ses bienfaits causa certes à notre ami beaucoup de joie, mais non de ces joies sottes et égoïstes qui, renfermées en elles-mêmes, ne servent que de pâture grossière à la vanité des esprits et des cœurs étroits. Celles-là, la plupart du temps, sont nées à la suite de flatteries basses et intéressées; elles ne sont point gagnées à la sueur du front; voilà pourquoi elles sont si différentes. Dieu sait, et les faits que nous avons relatés le prouvent surabondamment, que la récompense honorifique accordée à M. Andriot était marquée au coin de la plus stricte justice ; aussi était-elle de nature, non pas à le faire languir dans l'oisive contemplation de soi-même, mais bien à redoubler son ardeur à le rendre de plus en plus désintéressé, pour ne songer qu'au bien qu'il pouvait, qu'il se croyait maintenant officiellement obligé de rendre à ses semblables.

Le 9 juillet 1865, un incendie qui menace de prendre des proportions considérables éclate à Luzy, maison Compin ; comme toujours lorsqu'il y a un danger à courir, un péril à écarter, notre brave Sauveteur est au premier rang. Grâce à son intrépidité, grâce à l'impulsion qu'il donne partout, les secours sont promptement organisés.

Avec une audace inouïe et au risque d'être aveuglé par les flammes, il grimpe seul sur la toiture du bâtiment, où il reste une demi-heure à éteindre avec l'eau qu'on lui passe le foyer de l'incendie.

Sa conduite en cette circonstance est l'objet d'un rapport de l'autorité locale, à la suite duquel on lisait, quelques mois plus tard, dans la *Gazette de l'Empire*, numéro du 1er février 1860, *Revue des sauvetages :*

« M. Andriot-Guerrin, de Luzy (Nièvre), vient
» d'obtenir de Son Excellence le Ministre de
» l'intérieur une médaille d'argent en récompense
» de ses nombreux sauvetages. »

Cette distinction est à peine connue que les félicitations arrivent de toute part au brave Sauveteur ; la poésie, qui de tout temps a félicité le courage, se montre la plus empressée, et sous la vibrante inspiration de M. Michel Desfossés, vient le saluer en ces termes :

A vous ami qui, par votre courage,
Avez reçu la médaille d'honneur,
J'offre ces vers que m'a dictés mon cœur ;
Acceptez-les comme un fraternel gage.

CHAPITRE III.

ANDRIOT RENDU ARTISTE PAR LA CHARITÉ.

Il n'y a pas toujours des incendies à éteindre, et parmi tous ceux que touche quotidiennement la cruelle main de l'infortune, il n'y a pas que des incendiés. Voilà pourquoi le cœur sincèrement généreux, le cœur avide de dévouement ne peut se contenter de catastrophes soudaines qui, nécessairement, sollicitent un concours. Pas plus que l'herbe des champs ne se contente des pluies d'orage, il lui faut un aliment plus souvent présenté ; la charité rend ingénieux parce que c'est un besoin pour elle de donner. Voilà pourquoi, non content de se distinguer dans les occasions où il faut des actes extraordinaires de courage, Andriot-Guerrin cherche et trouve le moyen d'utiliser ses loisirs au profit des malheureux. La charité a fait de lui un artiste ; il veut à tout prix se rendre utile ; non-seulement il dépense son courage et son intelligence, mais il sait prendre dans l'homme ce qu'il y a de plus opposé à la charité, ce qui sert le mieux l'égoïsme : *la curiosité et le plaisir*, et a le talent de les rendre productifs pour le bien. On s'amusera, on rira, mais il faudra payer comme une sorte de compensation, à titre de redevance, au malheureux qui, lui, ne peut plus ou ne sait plus rire.

Aussi le voyons-nous organiser des soirées dramatiques, et là on exécute des pièces dont il est à la fois l'auteur et le principal acteur.

Sans doute, ces pièces ne sont pas des chefs-d'œuvre de l'art théâtral. M. Andriot n'a jamais eu la prétention de se croire né pour la poésie lyrique ou pour le théâtre ; cependant, son cœur lui a dicté des scènes vraiment belles, que ne rougiraient pas d'avoir composées certains auteurs contemporains les plus en renom ; mais enfin, ces pièces ne sont que des moyens pour arriver à un but, partant reléguées au second plan.

Le but, le résultat premier et uniquement voulu, c'est que, grâce à ces représentations, les pauvres auront pour quelque temps du pain et des vêtements.

La représentation qui fit le plus d'honneur à notre jeune artiste est, sans contredit, celle qu'il organisa à Luzy, le 16 septembre 1860.

On venait d'apprendre que les chrétiens du Liban étaient en butte aux plus cruelles persécutions de la part des Druses ; leurs montagnes arides ne pouvaient plus ni les cacher ni subvenir à leurs besoins, et ils poussèrent un immense cri de détresse du côté de l'Europe, du côté de la France surtout, la terre par excellence de l'hospitalité et de la charité. Ce cri fut entendu, et il retentit particulièrement dans le cœur généreux et chrétien d'Andriot.

Il se met à l'œuvre, compose deux vaudevilles, et fait un appel chaleureux à ses compatriotes de Luzy ; voici, du reste, comment le *Journal de la Nièvre*, dans son numéro du 22 septembre, rendit compte de cette séance :

« Profondément émus à la nouvelle des inqua-
» lifiables atrocités exercées par les Druses sur
» les malheureux chrétiens du Liban, une troupe
» de jeunes amateurs de Luzy, sous l'inspiration
» et la direction de M. Andriot-Guerrin, ont
» organisé, au bénéfice des victimes du fanatisme
» musulman, une brillante représentation théâ-
» trale, à laquelle les autorités, les notabilités
» et un nombre très-considérable d'habitants
» de cette ville ont bien voulu assister. On est
» heureux de dire que dans cette circonstance,
» la population de Luzy a prouvé une fois de plus
» qu'on ne fait jamais appel en vain à ses
» charitables sentiments, toujours accessibles
» au malheur, sous quelque forme qu'il se
» présente.

» Grâces lui en soient rendues ; c'est sous la
» pénible impression que peut faire naître le
» plus affreux barbarisme du siècle que ces

» jeunes amateurs ont l'honneur de vous adresser » la somme de..., produit de leur représentation, » défalcation faite de frais divers. »

Une autre fois, en juillet 1863, ce n'est plus un théâtre impromptu, c'est un assaut d'armes que notre ami offre à la curiosité des habitants de Luzy, et le produit de cette soirée est versé par lui au bureau du journal *la Patrie*, afin de venir en aide aux ouvriers cotonniers sans travail.

En 1864, la presse apportait à Luzy la nouvelle d'un violent et immense incendie qui avait ravagé la ville de Limoges. Le clergé et la municipalité de la ville en ruines furent réduits à tendre la main et à faire appel à la charité publique. Andriot monte aussitôt son théâtre d'amateurs, et après quelques séances, il a la joie de pouvoir envoyer 110 fr. aux malheureux incendiés.

M. le Maire de Limoges adressa au brave Andriot une lettre des plus élogieuses, et M. Paul Racouchot, ancien député (un autre homme de bien), composa en son honneur une longue pièce de vers dont nous extrayons les strophes suivantes :

Un jour, jour de malheur, de dévorantes flammes
Vont consumer Limoges ; un indicible effroi
Consterne la cité, glace toutes les âmes,
On entend résonner le lugubre beffroi.
. . . .

Le péril écarté, la ruine et la détresse,
Cortége familier du terrible fléau,
Assaillent celui qui, privé de sa richesse,
De la misère, hélas ! va porter le fardeau.

La France tout entière, à la triste nouvelle,
Apporte son obole à ce monde éperdu.
Andriot, toujours là, si le devoir l'appelle,
Se sent, par ce désastre, au fond du cœur ému.

A vous, les éprouvés, demi-nus sous vos hardes,
Sans vêtements, sans toit, quand approche l'hiver,
A vous que l'aquilon mordra dans vos mansardes,
Son concours vous rendra le chagrin moins amer.

Les Antoines, 1er octobre 1864.

CHAPITRE IV.

FONDATION DE SOCIÉTÉS DE CHARITÉ.

Le courage isolé, si grand soit-il, est trop souvent impuissant : ou il manque de ressources, ou il manque de forces.

On l'a dit : C'est l'union qui fait la force, non pas seulement parce qu'elle réunit comme en un faisceau les énergies individuelles, mais parce qu'elle produit l'entente, l'émulation, l'enthousiasme, toutes choses qui, sous la direction intelligente et dévouée d'un chef, deviennent invincibles.

Les eaux d'un fleuve qui coulent en plaine paraissent inertes et languissantes ; mais voyez-les, à leur sortie du flanc des montagnes, comme elles s'élancent, pressées, entraînées par leur masse et le courant !

Ah ! si tous les cœurs aux inspirations droites et généreuses savaient s'unir pour le bien, quelles merveilles ils accompliraient ! Chose étrange ! quand il s'agit du mal, quand il s'agit, par exemple, de porter sur la société et l'autorité une main profanatrice, des milliers de bras se lèvent avec un ensemble et une persévérance redoutables.

J'entrevois le pourquoi de cette différence déshonorante pour l'espèce humaine ; ceux qui veulent et font le mal commencent par rejeter loin d'eux tout principe d'ordre, toute conscience ; ils ne conservent plus que des passions aveugles, ils n'ont plus qu'à se laisser conduire ou plutôt à se laisser aller sur cette pente naturellement glissante, et ils vont, emportés par leurs désirs toujour déçus, mais toujours renaissants.

Le bien, au contraire, c'est-à-dire l'accomplissement fidèle et constant de tout ce qui s'appelle devoir de conscience, d'honneur, de justice, de dévouement, exige des efforts sérieux. Il faut réagir contre une nature par instinct basse et lâche ; il faut fouler aux pieds un orgueil qui se défie de tout et un égoïsme qui n'a point d'autre horizon que le haïssable moi et ses intérêts. Il faut avoir le courage de s'oublier, de s'effacer soi-même devant une cause commune ; et ils apparaissent bien rares ceux qui sentent et comprennent la nécessité, mais aussi la beauté de ce sacrifice ; ils sont bien plus rares encore ceux qui ont l'énergique volonté de l'accomplir.

C'est pourquoi nous sommes heureux et fiers de pouvoir compter au nombre de ces derniers, de ces hommes d'élite, notre cher Président-Fondateur.

Depuis longtemps, Andriot-Guerrin caressait ce rêve un peu étrange, vu le temps et les circonstances, d'organiser à Luzy une compagnie de sapeurs-pompiers, c'est-à-dire de grouper certains courages isolés, de les discipliner, de les conduire de la voix et de l'exemple ; il pense qu'après l'incendie de la maison Compin, le moment est venu de réaliser ce rêve de sa vie.

Profitant de l'émoi causé par le dernier sinistre, il ouvre une souscription et s'en va courageusement frapper à toutes les portes; il s'adresse d'abord à la municipalité, qui lui refuse tout, subsides et encouragements, sous prétexte que la chose n'est pas possible; mais rien ne rebute, rien n'arrête l'infatigable Andriot. Cependant, les déceptions ne lui manquent pas; mais son énergie et sa persévérance le font à la fin triompher de tous les obstacles, et six mois plus tard la compagnie des sapeurs-pompiers était organisée. Elle possédait une magnifique pompe et était composée d'hommes sérieux et dévoués qui, enthousiasmés par Andriot-Guerrin, avaient consenti à s'équiper à leurs frais. Pour lui, il ne voulut jamais être que simple tambour de la compagnie, laissant à d'autres l'honneur de commander aux hommes que sa seule parole avait entraînés. Mais, fait inouï et cependant authentique, quand l'œuvre est achevée, quand enfin arrive le jour de l'installation officielle, les autorités locales qui président la réunion reçoivent force compliments et félicitations; mais le véritable auteur de l'œuvre accomplie est oublié; pas même un mot de remerciement : triste exemple des bassesses jalouses et ingrates qui, aujourd'hui plus que jamais, sont à l'ordre du jour.

Il faut croire que rien ne peut décourager les âmes trempées pour le bien, car, dès l'année suivante, nous voyons de nouveau Andriot-Guerrin prendre l'initiative de la création d'une société musicale.

Sans entrer dans le détail des nombreuses démarches faites à cette occasion par notre héros, nous dirons seulement, sans crainte d'être démenti, que la fanfare de Luzy a été à son origine l'œuvre presque exclusive d'Andriot-Guerrin. Cette œuvre, aujourd'hui, n'est plus que ruines; l'esprit de politique et de parti l'a envahie, et, semblable à ces plantes vivaces qui, se faufilant à travers les trèfles et les luzernes, finissent par les détruire, il l'a corrompue et tuée peut-être sans retour.

Mais enfin l'idée généreuse de M. Andriot subsiste, et le mérite de son œuvre n'en demeure pas moins tout entier.

CHAPITRE V.

CRÉATION DE LA SOCIÉTÉ DES SAUVETEURS.

Les deux créations précédentes, si opportunes, si utiles qu'elles fussent, ne satisfaisaient pas encore le grand cœur de notre ami. Rempli du désir de faire du bien à tous, sans distinction de parti, il voulait se dévouer à toutes les causes ; quand il entrevoyait tel ou tel genre d'accident plus commun, longtemps à part soi il se demandait comment il serait possible, sinon de les prévenir, du moins de rendre leurs conséquences moins désastreuses.

Quand il croyait avoir trouvé une solution pratique, il s'en entretenait avec ses amis, il ne craignait pas même de faire de longs et dispendieux voyages, afin de s'assurer les conseils et le concours d'hommes compétents.

C'est ainsi qu'en 1871, il se rendait à Paris, où il fit visite à M. le comte de Lyonne, président des Sauveteurs de France, avec lequel il eut une longue conférence.

M. Andriot, en effet, avait remarqué que l'institution des sapeurs-pompiers et de la société de musique laissait une lacune regrettable; sans doute, les incendies de sa ville natale et des environs étaient en partie conjurés ; sans doute, ses compatriotes avaient trouvé dans la fanfare de Luzy une très-agréable et très-honnête récréation, mais combien de besoins restaient encore à pourvoir ! Chutes d'imprudents dans les étangs et les rivières, hommes, femmes, enfants exposés au caprice de bêtes emportées, et une foule d'autres accidents impossibles à prévoir, dont cependant on entend parler presque quotidiennement.

Cette lacune n'existait pas seulement à Luzy, mais dans le département tout entier. M. Andriot se sentait alors comme appelé à les combler; aussi pendant près de quatre années, il ne se donna pas de repos qu'il n'eût arrêté dans sa pensée un projet destiné à réaliser ses grandes idées de dévouement.

Ce ne fut seulement qu'en 1871, après ses conférences avec M. de Lyonne, qu'il se mit résolûment et ouvertement à l'œuvre ; assurément, les difficultés et les contradictions s'amassèrent en face de son œuvre, aussi, les railleries des esprits étroits et jaloux. Mais ces persécutions, qui sont le cortége ordinaire des grandes œuvres naissantes, loin d'arrêter notre ami, n'avaient fait, au contraire, que le confirmer dans ses courageux desseins, et quelques mois plus tard une nouvelle Société dite de sauvetage et de secours mutuels était organisée à Luzy.

C'est le noyau, c'est le premier jalon de la vaste association que nous verrons bientôt s'étendre aux principaux points du département sous le nom de Société des Sauveteurs de la Nièvre.

La nouvelle de l'installation de cette société, comme aussi de ses premières armes, a bientôt franchi les limites de Luzy ; le journal *le Morvan*, dans son numéro du 26 mai 1872, la mentionne et en même temps fait connaître sa destination :

« A Luzy, dit-il, un brave citoyen vient d'or-
» ganiser une Société de sauvetage et de secours
» mutuels ; cette société est établie sur une large
» base ; elle est outillée à la fois contre l'incendie
» et les inondations, et elle se tient en tout
» temps à la disposition des maires et des
» sinistrés qui font appel à son dévouement ; nous
» voulons ici rendre hommage à l'initiative et au
» courage de ces citoyens énergiques, et souhai-
» tons que leur exemple soit suivi dans tous les
» centres de quelque importance. »

CHAPITRE VI.

SAPEURS-POMPIERS ET SAUVETEURS EN ACTION.

Les deux petites troupes (pompiers et sauveteurs) ne restèrent pas longtemps inactives. Elles sont, en effet, à peine organisées et formées que déjà de vastes théâtres s'ouvrent à leur dévouement.

On imagine assez facilement, je pense, le bonheur de notre ami; impuissant lui seul à réparer les ruines que des accidents de toute sorte amoncellent si vite même dans les petites localités, il voit maintenant ses forces se décupler. Les deux sociétés sont comme le prolongement, l'extension de lui-même, de son courage, de son grand cœur; il le sait, il le sent, et voilà ce qui le met au comble de la joie.

Les sapeurs-pompiers, comme fils aînés de M. Andriot, entrent les premiers dans la lice.

A la fin de 1867, le 3 décembre, un incendie éclate, à neuf heures du soir, dans la maison occupée par M. Gresle-Dorein, négociant en nouveautés à Luzy. Déjà la chambre est remplie de flammes et de fumée. Quelques minutes encore et l'élément destructeur va gagner un vaste magasin; mais arrivent MM. Andriot-Guerrin et Annet Radet (autre homme de bien, de devoir et de conscience, auquel nous sommes heureux de rendre ici un public et sincère témoignage). Eux seuls ont le courage de braver les langues de flammes et les tourbillons de fumée. Au risque de leur vie, ils pénètrent dans la pièce embrasée, et font si bien qu'après quelques heures de travail tout danger disparaît.

L'année suivante, un incendie formidable éclate au château de Laplanche, situé sur la commune de Millay. L'honorable M. de Laplanche, alors conseiller général et maire de Millay, en atteste tous les détails par écrit :

« Dans la nuit du 22 au 23 janvier 1868, un
» violent incendie s'était déclaré au château de
» Laplanche. M. Andriot (Pierre), de Luzy,
» tambour des sapeurs-pompiers de cette ville,
» après avoir battu le rappel et franchi au pas
» de course les huit kilomètres qui séparent le
» château de Laplanche de la ville de Luzy, est
» arrivé le premier sur le lieu de l'incendie, a
» organisé le service des échelles après l'arrivée
» de la pompe, a travaillé avec le plus grand
» zèle, a couru un danger réel en faisant une
» chute au foyer même de l'incendie, et n'a
» quitté les lieux qu'après l'extinction du feu,
» qui avait consommé la toiture, les combles et
» tout un étage. Si le rez-de-chaussée et le pre-
» mier étage ont été sauvés, ce n'est que par
» l'activité des pompiers sous la direction de
» M. Andriot.

» Fait à Laplanche, le 1er octobre 1868.

» *Signé :* H. COUJARD DE LAPLANCHE. »

Il nous est impossible, vu les bornes relativement étroites que nous nous sommes tracées, de nous arrêter à contempler toutes les scènes sur lesquelles notre ami et ses braves ont déployé leur courage; il nous faut passer vite et regarder seulement les principales.

Après avoir, en 1872 et en 1873, travaillé activement dans trois incendies, deux au domaine de Cruze, appartenant à M. le comte de Courtivron, et l'autre chez M. Barbier, cafetier à Luzy, nous le rencontrons aux prises avec les flammes chez M. Charles David, quartier de la Gare.

Là, Andriot-Guerrin, toujours au premier rang, est tout-à-coup précipité d'une hauteur de trois à quatre mètres. Il est meurtri, contusionné; il ne peut plus, à son grand regret, grimper sur la toiture, mais il reste quand même sur le lieu du sinistre pour surveiller et diriger sa petite escouade.

Le 10 juillet 1874, à dix heures du soir, la foudre tombe sur le clocher de Luzy et y met le feu. Aussitôt l'alarme est donnée. Le clairon des Sauveteurs, le tambour des sapeurs-pompiers parcourent la ville, l'un sonnant, l'autre battant le rappel à leur compagnie respective.

La pluie tombe à torrents ; néanmoins, de tous côtés, la population accourt et se groupe à côté du vieil édifice, et chaque arrivant demeure un instant anéanti dans la contemplation du tableau qui s'offre à sa vue.

En effet, le feu, qui a pris à la pointe même du clocher, entame et brûle les pièces de charpente, vieilles de plusieurs siècles ; une langue de flamme, semblable à celle que produirait une torche de résine, s'élance vers le ciel, puis le pétillement du bois sec fait jaillir des milliers d'étincelles qui, tout autour de la langue de feu, forment comme une gerbe d'or qu'aucun feu d'artifice ne saurait égaler ; c'est un spectacle grandiose et navrant à la fois...

M. Andriot et ses sauveteurs et M. Annet Radet, son digne émule en dévouement, à la tête des sapeurs-pompiers, font des prodiges et réussissent à préserver la nef de l'église et les bâtiments circonvoisins. L'un et l'autre, sous une pluie battante, passent la nuit sur le lieu du sinistre qu'ils ne quittent que quand tout danger a cessé.

Pauvre vieille et chère église! le souvenir seul nous en reste, car aujourd'hui sur son emplacement on en a mis une autre plus vaste et plus belle, due en totalité au zèle du pasteur et à la générosité des habitants.

CHAPITRE VII.

M. ANDRIOT ET SES SAUVETEURS.

(Suite.)

Malgré notre grand désir d'être court, nous nous voyons obligé de faire ce nouveau chapitre. Les circonstances où le dévouement de notre ami est mis à l'épreuve sont si diverses et si multipliées, que ce serait vraiment manquer à notre tâche que de ne pas essayer d'en mettre le plus grand nombre en lumière.

Le 3 juillet 1874, on accourt en toute hâte le prévenir que le feu est aux Brûles, commune de Luzy, chez le sieur Dubrion. Faire sonner le rappel de ses hommes, puis, avec les premiers arrivés, prendre le pas gymnastique en roulant la pompe est l'affaire d'un instant. Grâce à la promptitude de décision et à l'extrême habileté qui le caractérisent, l'intrépide Andriot arrive à temps pour sauver la majeure partie du bâtiment et des objets qu'il renferme.

Le 26 février 1874, à sept heures et demie du soir, le cri si redouté : Au feu ! retentit par la ville. En quelques minutes, la compagnie des Sauveteurs est équipée et, sous la conduite de son chef, se dirige au milieu de la Grande-Rue, où le feu s'est déclaré dans la boulangerie de M. Wandelle.

Déjà la flamme sort par les ouvertures du rez-de-chaussée et s'élève à la hauteur des fenêtres de l'étage qu'elle va envahir. S'il en est ainsi, tout un quartier de la ville est en danger, car les secours seraient impuissants à préserver ces monceaux de vieilles constructions où le bois domine. Il n'y a pas une minute à perdre.

Andriot, d'un coup d'œil, juge la situation ; il prévoit un désastre, et pour l'éviter il faut un acte de suprême énergie. Vite il prend son parti ; une fenêtre est enfoncée, et à travers la flamme et la fumée, il pénètre dans l'intérieur. A moitié asphyxié, il rampe sous un brasier, traînant la lance de la pompe, dont il dirigeait les jets d'eau sur le foyer même de l'incendie.

On craint que l'intrépide Sauveteur risque sa vie, et plusieurs hommes tentent d'arriver jusqu'à lui. Bref, le danger cesse, et Andriot se retire les cheveux et les vêtements en partie brûlés; mais le cœur joyeux : il vient de rendre à sa ville natale le plus éminent des services.

Si M. Andriot est avide de se dépenser au service du prochain, il faut dire que la Providence le sert admirablement. Non-seulement dans les malheurs que les imprudences ou la méchanceté des hommes font surgir autour de lui, elle permet qu'il soit toujours le premier appelé, mais même au milieu de ses voyages, au moment où il est loin de penser qu'il puisse être utile, elle a soin de lui ménager quelques-unes de ces occasions qu'on dirait faites pour lui.

Maternelles attentions de la Providence en sa faveur d'abord, puisqu'elle satisfait un de ses plus ardents désirs ; en faveur aussi des malheureux qu'il rencontre, puisqu'ils trouvent en lui un Sauveteur, ou plutôt un sauveur véritablement digne de ce nom.

Qu'on en juge par la lettre suivante qu'a reproduite la *République de Nevers*, dans son numéro du 9 novembre 1875 (M. Andriot était allé à Paris pour assister à une assemblée générale de la Société des Sauveteurs de France) :

« Paris, 7 octobre 1875.

» Monsieur le Rédacteur,

» Je me nomme Alexandre Caron, cocher,
» conduisant la voiture de remise n° 8083,
» inscrit à la préfecture sous le n° 16686.

» Sous la garantie de ma modeste person-
» nalité, j'ai l'honneur de vous signaler un trait
» de courage accompli par un de vos compa-
» triotes dans des conditions extraordinaires.

» Le mercredi 6 octobre, à onze heures du
» soir, à la hauteur de la pointe Rivoli, ma
» voiture, dans laquelle se trouvaient trois
» dames et un jeune enfant, fut accrochée par
» un camion attelé de trois chevaux. Les per-
» sonnes contenues dans ma voiture eussent été
» infailliblement jetées sous ce camion sans le
» prompt et énergique secours d'un brave Sau-
» veteur déjà décoré d'une médaille pendue à
» son vêtement. »

» Je regrette de ne pas me rappeler son nom ;
» ce que je n'ai pas oublié, c'est que sa
» médaille porte : LUZY (NIÈVRE),

» Je vous serai reconnaissant, Monsieur, si
» vous voulez bien accorder la publicité de votre
» journal à cet acte de courage, puisque c'est
» le seul moyen que j'aie à ma disposition de
» remercier votre brave compatriote.

» J'ai l'honneur, etc.

» *Signé :* CARON. »

Nous ne pouvons pas clore cette énumération déjà bien longue des actes de courage accomplis par notre héroïque président, sans dire, d'après M. Alfred Decoëne-Racouchot, conseiller général, maire d'Issy-l'Evêque, comment, lors d'un incendie à Cuzy, M. Andriot et les siens firent, en quarante minutes, avec leur pompe, les huit kilomètres qui les séparaient des lieux du sinistre, et comment, grâce à eux, les grains et le fourrage qui remplissaient le bâtiment incendié furent préservés ;

Sans dire encore comment, avec une énergie et une promptitude merveilleuses, il arrêta et certainement sauva un jeune homme en état d'ivresse au moment où il s'élançait dans un puits de quarante pieds de profondeur ;

Sans dire encore comment, d'un coup de hache, il abattit un chien enragé au moment où un sapeur-pompier qui le poursuivait allait être victime de son dévouement ;

Sans signaler enfin un dernier trait :

Le 2 janvier 1887, vers midi, Andriot, qui rentrait chez lui pour déjeuner, fut averti qu'un incendie venait de se déclarer dans l'importante ferme de Tourny, distante de six kilomètres. Laissant là son déjeuner, il s'équipe en un instant ; puis, appelant quatre de ses Sauveteurs les plus rapprochés de chez lui, le voilà prenant le pas de course à travers champs et bois, qui sont recouverts d'une couche de neige de vingt centimètres d'épaisseur.

Arrivés à un endroit difficile, un Sauveteur demande : Par où passerons-nous? Partout, répond l'intrépide chef... En avant !... et lui-même, malgré ses cinquante-six ans sonnés, franchit le premier les haies les plus élevées, traverse les buissons, tombe dans les fossés, se relève, et arrive enfin, haletant, couvert de sueur. — Cependant il n'y a pas de temps à perdre ; avant de songer à soi, il faut conjurer le mal que les flammes déjà grandes annoncent comme imminent et considérable.

Ce n'est que quelques heures après que, grâce à leur sang-froid, à leur grande habitude et à leur héroïque audace, l'incendie a pu être circonscrit et finalement éteint.

CHAPITRE VIII.

L'ŒUVRE DE M. ANDRIOT-GUERRIN A TRAVERS LA NIÈVRE.

Il y aurait certes, dans cette notice biographique, une lacune regrettable, si nous terminions ici même cette énumération déjà longue et significative des principaux actes de courage de M. Andriot-Guerrin.

Mais nous ne pouvons pas finir ainsi, laissant peut-être de sa vie la partie la plus belle. Le noble cœur de notre ami est comme une source féconde dont Luzy a reçu les premiers jaillissements, il est vrai, mais qui, un jour, a débordé et est allé porter dans d'autres milieux la surabondance de ses eaux. C'est pourquoi nous voyons dans les localités de la Nièvre les plus importantes s'ériger de nouvelles sociétés sur le modèle de celle de

Luzy ; autant de réservoirs sortis tous de la même source et providentiellement placés de distance en distance dans la Nièvre afin d'être mieux à la portée de toutes les misères.

De tous les caractères dignes d'être admirés et formés par la nature, je n'en connais pas de plus grand, de plus beau que celui d'apôtre. Je ne parle pas de ces apôtres mercenaires que poussent l'avarice ou l'ambition ; ceux-là n'ont d'apôtre que le nom, ils n'en ont pas les allures et n'en font pas les œuvres ; mais je parle de ces hommes de cœur profondément convaincus qui, pour le triomphe d'une cause, ne jettent jamais un regard défiant ou égoïste sur eux-mêmes, mais qui vont hardiment, héroïquement et toujours.

Pour ceux-là, le succès peut se faire attendre... ils luttent parfois au prix de leur santé, de la vie même... mais il est moralement impossible que leur persévérance et leur désintéressement ne soient pas récompensés par un résultat qui les dédommage et les console.

Eh bien ! M. Andriot, est un apôtre dans le grand sens du mot... apôtre de courage et d'abnégation, apôtre de prosélitisme incessamment attiré par le bien qu'il voit et qu'il voudrait accomplir. Le désir de soulager ses semblables souffrants, voilà le mobile de ses actes ; sa conviction arrêtée et la ténacité de sa volonté dans les résolutions, voilà la cause de ses succès.

C'est pourquoi la petite société de Luzy commençait à peine à fonctionner que M. Andriot songeait déjà à fonder ailleurs comme des succursales. — Naturellement les centres voisins devaient être les premiers inféodés à cette croisade de dévouement.

Il nous serait impossible et d'ailleurs inutile d'entrer dans le détail des difficultés sans nombre, des tracasseries de toutes sortes que le fondateur eut à supporter et à vaincre ; mais comme témoin à peu près constant de ses luttes incessantes et aussi de ses victoires, nous avons le devoir de dire, sans crainte d'être démenti, que pour mener à bien sa grande entreprise il a fallu à M. Andriot-Guerrin une somme de courage et d'énergie dont bien peu d'hommes sont doués. Les sections diverses que nous voyons surgir dans la Nièvre, à l'instigation et sous la direction de M. Andriot, sont celles de Fours, Decize, Imphy, Nevers, Clamecy, Moulins-Engilbert, Entrains. Partout le personnel est à peu près au complet, partout on voit à la tête des sections des hommes éminents, lauréats des sociétés diverses ou hautement placés. A Luzy, M. Poiseau, homme aussi modeste que dévoué ; à Imphy, M. Bionnet, plusieurs fois décoré ; à Fours, notre ami Debeaumarchais ; à Moulins, le brave et dévoué Kaast, Sauveteur médaillé ; à Clamecy, l'intrépide Cougnot, si connu par ses nombreux actes de courage ; à Decize, M. Michaud, médaillé du Gouvernement ; à Nevers enfin, après le regretté Moreau, c'est Victor Lamarre, Sauveteur habile et dévoué.

A Nevers ! Nous trouvons une autre grande et sympathique figure : M. Victor du Verne, président du conseil des Sauveteurs, protecteur zélé, actif et généreux de la Société, et trop connu comme homme de mérite pour qu'il soit besoin d'en faire ici l'éloge.

Tout récemment, au cours de 1889, M. Andriot-Guerrin érigeait solennellement une nouvelle section de Société à Entrains, section appelée à rendre les plus éminents services dans toute la Puisaye, étant placée sous le patronage et la direction de M. Delimoges, Sauveteur émérite, dont la situation et le zèle pour le bien, sont incontestables et incontestés.

CHAPITRE IX.

M. ANDRIOT ORATEUR.

Souvent, pendant l'année, les membres des diverses Sociétés se réunissent, sous la présidence de leur directeur local, pour prendre part à des exercices communs.

Ces réunions fournissent l'occasion, non-seulement de se voir et de se compter, mais aussi de s'encourager et de prendre de plus en plus des habitudes naturelles à une véritable fraternité.

Chaque année, dans un des centres principaux, à Nevers ordinairement, ont lieu la fête et la réunion générale des Sauveteurs nivernais.

C'est là que les délégués des diverses sections font connaître dans un rapport la situation de chaque centre; c'est là aussi que notre cher Président nous adresse un de ces discours si simples, mais si pleins de cœur, que nous aimons tant à entendre.

Ah ! nous sommes heureux de pouvoir ici, en passant, donner les éloges qu'elle mérite à l'éloquence de M. Andriot ; malheureusement, nous nous voyons contraint de ne nous en tenir qu'à quelques affirmations générales : nous ne pouvons rien, absolument rien citer. M. Andriot a l'habitude, bonne peut-être à certains points de vue, mais désolante pour nous, de ne jamais rien écrire. C'est une improvisation continuelle ; ce sont des jets rapides s'échappant de son grand cœur, de ses convictions les plus intimes, et arrivant à flots toujours pressés, sans fard, sans commandement..... C'est pour cela que l'obligation de confier au papier tant de pensées et de sentiments serait pour M. Andriot une servitude trop cruelle. Il est toujours prêt à se faire entendre; il est vrai qu'il est exposé dans ces différentes réunions à traiter souvent les mêmes sujets; mais il sait donner à ses paroles et à ses phrases, aux mots eux-mêmes des tournures si variées, si ingénieuses que ceux-là même qui l'entendent souvent l'entendent avec un bonheur toujours nouveau. C'est l'application du mot fameux prononcé par je ne sais plus quel orateur: « L'amour n'a qu'un mot ; en le » disant toujours il ne le répète jamais. » Ajoutez à ce mot de l'amour le mot de désintéressement, de dévouement sans limite, et vous saurez comment M. Andriot, en laissant toujours tomber de son cœur les mêmes généreux sentiments, semble ne se répéter jamais.

Et ce n'est pas seulement dans ces assemblées solennelles de ses Sauveteurs, dans l'installation de nouvelles sections ou dans l'inauguration de nouveaux bateaux de sauvetage, qu'il a l'occasion de se faire entendre. Comme tout homme qui a une œuvre à cœur, il ne s'en rapporte pas à ses forces personnelles ou à sa propre expérience ; il voyage, il visite, il compare, il étudie, et voit ainsi s'il y a lieu de faire des modifications importantes au matériel ou dans son mode d'action. C'est pourquoi presque toutes les Sociétés de sauvetage de France ont pu le voir et, j'ajouterai, l'entendre.

Il expose, il interroge, il excite; sa grande âme voudrait voir tous les Sauveteurs de France former comme une immense famille, toujours appliquée à garder la paix avec elle-même, toujours prête à accourir au moindre sinistre, à la moindre appréhension du malheur.

C'est dans ces grandes assemblées départementales et provinciales qu'il expose ses théories humanitaires et qu'il propose les moyens les plus pratiques de les mettre à exécution.

C'est là aussi, parce qu'il est dans l'élément qui lui convient, que son cœur déborde et qu'il justifie l'adage du philosophe païen : « C'est le » cœur qui rend éloquent. »

A plusieurs reprises, divers journaux de province ont eu à apprécier M. Andriot orateur; tous s'accordent à louer la noblesse des sentiments, l'allure franche de ses pensées et l'accent de conviction profonde qui donne à son éloquence son caractère distinctif.

CHAPITRE X.

M. ANDRIOT ET LES ENFANTS.

Jusqu'ici nous avons vu M. Andriot-Guerrin étendre son zèle à bien des personnes, à bien des œuvres, à bien des localités. Une portion de l'espèce humaine cependant, et certes ce n'est pas la moins intéressante, n'a pas encore, dans ce livre du moins, attiré son attention : ce sont les enfants. Je disais tout à l'heure : « dans ce » livre du moins », parce que depuis longtemps il a jeté les yeux sur les enfants, depuis longtemps toujours mû par les mêmes sentiments, il a eu la pensée de les organiser en petite société. Pourquoi cette société étrange ? Ah ! bien des raisons pressent et justifient notre généreux ami. Les dresser tout d'abord à la manœuvre des pompes et aux divers exercices de sauvetage, afin d'en faire de précieuses recrues pour la Société des Sauveteurs de la Nièvre.

Réunir et surveiller le plus possible ces gamins des rues, comme on les appelle dans les centres populeux, afin de leur donner un commencement d'éducation, afin surtout de les empêcher, en les occupant agréablement, de se pervertir mutuellement ou de vagabonder à travers les rues et les champs, vagabondage toujours désastreux pour les parents, les habitants et les enfants eux-mêmes.

Il se commet de nos jours par les parents français une grande iniquité relativement aux enfants : on les laisse trop facilement abandonnés à eux-mêmes. Sans doute la nature, cette grande maîtresse de tous les temps et de tous les âges, inspire aux enfants les premières notions du bien et du mal, du permis et du défendu ; mais les passions suivent de près les développements de la nature ; elles aussi s'érigent en maîtresses, et le résultat de leurs leçons est le triomphe de tous les mauvais instincts de l'enfant.

C'est pourquoi, à l'âge où ces passions s'éveillent, il est pour les parents un devoir des plus impérieux : c'est de surveiller leurs enfants, de les former, d'arrêter, de couper pour ainsi dire à leur racine leurs défauts naissants, afin de ne laisser croître que les qualités et les vertus.

L'enfant ressemble à un jeune arbre dont on n'obtiendra des fruits qu'à la condition de le surveiller et de l'émonder avec le plus grand soin.

Ce travail est ce que l'on appelle à proprement parler l'éducation.

Malheureusement, un grand nombre de parents ne comprennent plus ce mot et les obligations qu'il impose. A l'école même, où l'instruction se donne sur une si vaste échelle, on ne s'occupe plus ou presque plus de l'éducation. Ce spectacle désolant a frappé M. Andriot-Guerrin.

Dans son impuissance à remédier au mal

autant qu'il le faudrait, il a voulu du moins porter son attention et sa sollicitude sur quelques enfants plus facilement à sa portée.

Telle est la première raison d'être de ces Sociétés de pupilles qu'il a organisées dans plusieurs localités de la Nièvre. Elles sont formées sur le modèle de ses grandes sections de Sauveteurs. Les enfants ont leurs réunions, leur costume, leurs chefs, leurs tambours, leurs clairons, leurs exercices réguliers pour le maniement de la pompe et pour les marches.

Il faut les voir ces enfants Sauveteurs en rang, marquant le pas au milieu des rues de la ville ; il faut les voir dirigeant le tuyau de leur pompe, monter les échelles ; il faut les voir surtout passant de ces exercices simulés à la réalité, prendre le pas de course, suivant leurs frères aînés aux incendies voisins.

Voilà pour réaliser le but extérieur de la petite Société. Mais M. Andriot n'a garde d'oublier le but moins apparent, mais de beaucoup le plus sérieux et le plus important. Tous sont surveillés dans leurs paroles et dans leurs actes; le respect à l'autorité paternelle recommandé par-dessus tout et en toute occasion ; toute infraction aux devoirs ordinaires des enfants signalée est punie sur-le-champ. Parfois le conseil de guerre est convoqué et l'expulsion ou la dégradation de tel ou tel membre indigne décrétée. Un choix sérieux des candidats à admettre; tout, en un mot, est marqué au sceau de la discipline militaire.

C'est ainsi que le grand Sauveteur dont nous avons voulu esquisser les œuvres a su embrasser dans le cercle de sa sollicitude l'homme mûr et l'enfant : l'homme mûr, pour le faire travailler au bien de ses semblables; l'enfant, pour commencer en lui l'apprentissage de la générosité et du dévouement.

CONCLUSION.

Il y avait jadis dans les écoles un petit livre de lecture vraiment délicieux ; chaque vertu, chaque qualité du caractère étaient proposées à l'admiration et à l'imitation des enfants ; c'était écrit en un style simple et court et dans des récits saisissants, où l'on voyait agir le héros et ressortir avec une pleine lumière la vertu à faire aimer et pratiquer.

On appelait ce petit livre : *La Morale en action.*

Il me semble que cette humble notice sur la vie et les œuvres du Président-Fondateur des Sauveteurs de la Nièvre pourrait, sans usurpation, prendre un titre analogue : *Une Vertu morale en action.* Cette vertu, c'est le dévouement universel complet, n'importe quelle forme il revête, n'importe de quel nom on l'appelle.

Nous avons voulu, disions-nous en commençant, combattre l'égoïsme, non pas par des arguments théoriques, non pas même par un exposé sincère de toutes les bassesses, de tous les crimes qu'il est capable d'engendrer, mais simplement par la mise en scène de la vertu contraire.

De même que l'obscurité d'un lieu quelconque est plus sensible en face d'une lumière qui éclaire le lieu voisin, de même toutes les faiblesses, toutes les lâchetés de ce vice grossier devaient mieux apparaître en face des allures franches, généreuses, désintéressées du dévouement.

Ce procédé est peut-être moins brillant qu'une démonstration en règle conduite à grands coups de raisonnements irréfutables, au milieu d'un bel enthousiasme, mais, à notre humble avis, il est plus sûr, parce qu'il expose moins aux illusions; plus loyal et plus charitable, parce qu'il coupe court aux emportements trop vifs; plus convaincant enfin, parce que la sentence du philosophe païen est là : « Les paroles » peuvent émouvoir, mais les exemples entraî- » nent. »

Eh bien ! ce que nous avons voulu, nous avons fait tous nos efforts pour le réaliser. Ceux de nos lecteurs, en effet, qui ont eu le courage de nous suivre jusqu'au bout, doivent en être convaincus.

Il n'y a pas une page où nous n'ayons essayé de montrer que dans toutes les circonstances, sur toutes les scènes, petites ou grandes, où a éclaté son courage, M. Andriot n'a été inspiré et poussé que par son grand cœur et par son ardent désir de faire du bien à ses semblables.

Puissions-nous avoir atteint notre but, puissions-nous avoir fait naître au cœur de tous les Sauveteurs nivernais et français, non pas une de ces admirations stériles dont le monde est plein, mais une émulation féconde en enthousiasme et en désintéressement si rare de nos jours; puissions-nous enfin avoir donné courage aux hommes de bien qui nous liront, en leur montrant que dans cette société moderne, si ravagée par l'égoïsme, il y a encore des hommes capables de se dévouer pour le salut des autres. Oui, que tous reprennent courage, car ils apparaissent au milieu de ce naufrage général, où tout menace de sombrer, comme les dernières épaves, les dernières planches de salut au moyen desquelles notre chère France pourra se reconstituer et vivre encore longtemps libre et glorieuse.

FIN.

TABLE DES MATIÈRES.

Nevers, imp. G. Vallière.

NEVERS, IMPRIMERIE G. VALLIÈRE.

www.ingramcontent.com/pod-product-compliance
Ingram Content Group UK Ltd.
Pitfield, Milton Keynes, MK11 3LW, UK
UKHW021106270726
13993UKWH00006B/1041